Grujo retrouve son bien-être

Conception et illustrations : Patrick Arguin
Collaboration et textes : Michèle Rappe
Support, coaching et collaboration : Hélène Beaudette

Pour avoir permis à OUTILS POUR LA VIE de voir le jour par sa présence bienveillante et son support inconditionnel, j'offre à Hélène Beaudette toute ma joie et ma gratitude. Mille fois merci ! !

Lentement, le jardin s'habille de nouvelles teintes.
L'automne approche et déjà certaines feuilles jaunissent.

Depuis quelques jours, Grujo est très affairé et il fait des réserves en prévision de la saison froide. Mais cet après-midi, l'écureuil est fatigué et s'énerve beaucoup, car les pyramides de glands qu'il transporte s'écroulent régulièrement et il doit recommencer son travail.

Colin voit son ami qui s'agite de plus en plus et il lui propose de prendre un peu de repos pour se calmer. Grujo s'obstine... Finalement, il donne un grand coup dans les glands.
— Je n'y arriverai jamais, crie-t-il.

L'écureuil est rouge de colère et a envie de pleurer. Il abandonne son activité et grimpe dans les branches du chêne. Il regarde les glands dispersés au pied de l'arbre.

— Mon cœur bat tellement fort qu'on dirait qu'il veut exploser, songe Grujo en posant les pattes sur sa poitrine.

Grujo prend de grandes respirations. En inspirant profondément par le nez et en expirant doucement par la bouche, il sent les battements de son cœur qui s'apaisent et l'agitation qui diminue.

Un lutin blanc apparaît alors et s'adresse à l'écureuil avec douceur.
— Cher Grujo, tu as découvert un geste important en posant une patte
sur ton cœur tout en pensant à ta respiration.
Grujo n'est pas certain de bien comprendre...

— Rappelle-toi, dit le lutin, comment étais-tu avant de grimper dans l'arbre?
L'écureuil revoit son énervement et ressent combien la colère est un état désagréable.

— En prenant soin de toi, en te donnant un câlin, poursuit Blanc, tu as calmé les battements de ton cœur et tu as retrouvé peu à peu ton bien être.

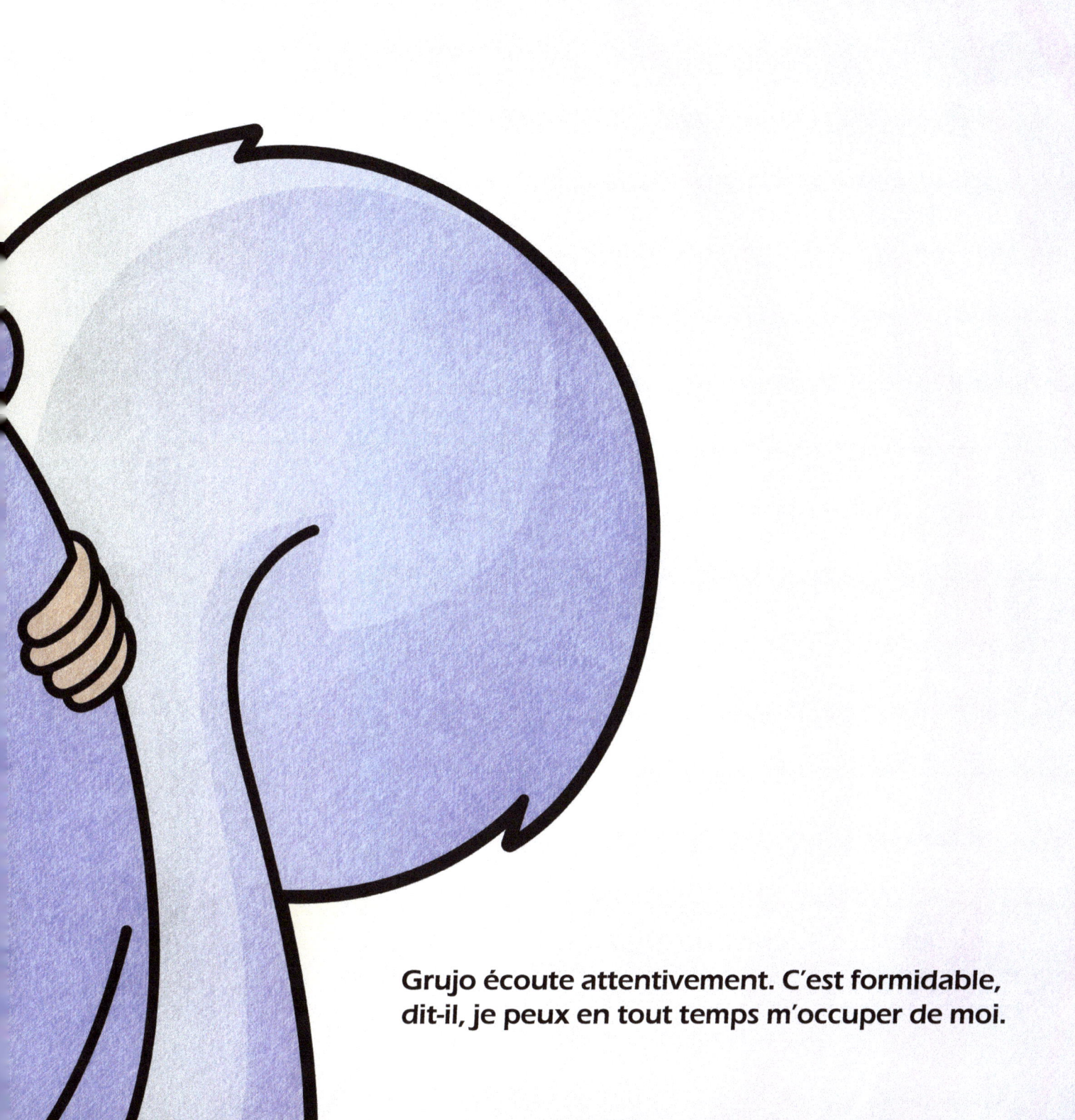

Grujo écoute attentivement. C'est formidable, dit-il, je peux en tout temps m'occuper de moi.

— Oui, enchaîne le lutin, et tu peux ainsi retrouver ta joie de vivre, ta bonne humeur et même... de nouvelle idées.

Grujo est bien dans ce grand calme intérieur;
il a l'impression que tout est lumineux autour de lui.

— N'oublie jamais que tu possèdes de très belles qualités et des talents qui sont comme un trésor au fond de toi, explique encore Blanc avant de disparaître.

L'écureuil ouvre les yeux et regarde Papa Soleil en souriant.
Je vais recommencer à travailler, décide-t-il, et je pourrais
même fabriquer un traîneau pour transporter des glands!

— Colin... Colin... J'ai retrouvé mon calme et j'ai quelque chose
de formidable à te dire, crie Grujo en sortant des branches.

— Quand tu ne te sens pas bien, raconte-t-il avec enthousiasme, tu peux prendre soin de toi en prenant de grandes respirations et en posant les pattes sur ton cœur.
— Mais je n'ai pas de pattes, s'exclame Colin en riant.

Grujo regarde son ami avec tristesse.
Rassure-toi, dit alors Colin, moi aussi je respire
et je peux prendre soin de moi depuis le début
de mes racines jusqu'au bout de mes branches.

— Salut les amis, s'écrie P'titeLaine, que faites-vous ? Grujo raconte alors toute l'histoire. La fin de la journée se passe dans les partages et les éclats de rire. P'titeLaine offre son aide pour transporter des glands.

Colin en profite pour visiter son jardin intérieur et retrouver son arc-en-ciel de sagesse. Chaque jour, il s'accorde ce temps de calme, car c'est important pour lui.

Ce soir-là, P'titeLaine, Colin et Grujo ont bavardé longtemps sous l'œil attendri de la lune. Ils se promettent de visiter régulièrement leur jardin intérieur.

Le ciel étoilé forme une couverture scintillante, et petit à petit, chacun est entré dans le pays des rêves.

Quelques semaines ont passé. Papa Soleil et maman la Terre sont fiers de leur jardin où règne la paix. Ils savent qu'il va continuer à grandir et que dans chaque cœur, il y a un merveilleux trésor : l'Amour.

Rappelle-toi...

Que faire quand je suis en colère et que j'ai envie de crier?

En posant les mains sur ton cœur et en respirant doucement, tu sentiras le calme revenir peu à peu. Quand le calme revient, la colère s'éloigne comme un nuage poussé par le vent.

Que faire si je suis seul et que j'ai besoin d'un câlin?

Si personne ne peut te prendre dans ses bras pour te faire un câlin, tu peux poser les mains sur toi en pensant à l'amour. Cela peut aussi t'aider si tu as mal quelque part.

Que faire si j'oublie à quoi servent les outils ou comment les utiliser?

En relisant les histoires, tu te souviendras de tous ces beaux outils et tu deviendras de plus en plus habile pour les utiliser au bon moment.

La collection de livres

Outils pour la vie
Pour la confiance et l'estime de soi

1 **Papa Soleil et maman la Terre créent la vie**
La respiration/Garder ou retrouver son rythme

Respirer est essentiel à la vie; bien respirer est un formidable outil pour retrouver le calme et la paix en étant à l'écoute de son corps et de son rythme personnel.

2 **Grujo et l'arc-en-ciel intérieur**
La méditation/Retrouver son calme intérieur

En chacun, il y a un havre de paix et de sagesse; la méditation est un outil pour établir ou rétablir le contact avec cet espace personnel.

3 **Colin découvre la confiance**
L'enracinement/
Développer la confiance et la force

Grandir est une succession d'étapes importantes qui s'accompagnent parfois d'hésitations et de peurs; la confiance en soi solidifie la base, les racines…

4 **Colin, Grujo et l'amitié**
La connaissance de soi/Aimer et apprécier

Établir des relations saines avec les autres suppose que la confiance en soi et l'estime de soi soient de plus en plus présentes; apprendre à s'apprécier est un cadeau pour la vie.

5 **Le choix...**
Le discernement/Être à l'écoute de soi

Apprendre à écouter la petite voix intérieure et à lui faire confiance, c'est apprendre à garder son cap dans toutes les situations.

6 **Le courage de Colin**
L'affirmation/Se faire confiance

S'affirmer n'est pas s'opposer, mais s'appuyer, avec confiance, sur l'estime de soi pour prendre sa place et la conserver dans le respect de soi et des autres.

7 **Trop... c'est trop !**
Le respect de soi/Oser être soi-même

Établir une bonne communication implique aussi d'exprimer ses émotions et son état d'être de façon adéquate. Cela ressemble, parfois, à un défi !

8 **Grujo retrouve son bien-être**
La responsabilisation de soi/
Encourager l'autonomie

Grandir, c'est aussi apprendre à gérer ses émotions, acquérir de plus en plus d'autonomie et également se responsabiliser.

Les ateliers

Outils pour la vie
Pour la confiance et l'estime de soi

Conçus spécialement pour les petits, les ateliers sont l'occasion d'explorer en groupe les différentes thématiques abordées dans les histoires de la collection Outils pour la vie. Accessibles et variés, ils permettent d'outiller l'enfant afin qu'il puisse mieux se connaître et renforcer sa confiance et son estime de soi.

La méditation...
Élément-clé des ateliers, la méditation est un merveilleux outil d'autorégulation physiologique, mentale, et émotionnelle que les enfants peuvent apprendre facilement.

Pour en savoir plus, consultez le site Internet :
www.outilspourlavie.com

www.ingramcontent.com/pod-product-compliance
Lightning Source LLC
Chambersburg PA
CBHW041158120626
46547CB00020B/3261